Culex -Verlag

1. Auflage

Die Deutsche Bibliothek verzeichnet diese Publikation in der Deutschen Nationalbibliografie; detaillierte bibliografische Daten sind im Internet über http://dnb.ddb.de abrufbar.

ISBN 978-3-9811-7683-4

Culex - LitMedia, Inh. Michaela Paarmann
Güntherstr. 30, 47051 Duisburg
Tel: 0203/9309688, Fax: 0203/9309687, eMail: info@culex-verlag.de
www.culex-verlag.de

Umschlaggestaltung:
Augenkrebs.prod@gmx.net

Fotographie:
Roger Lebenicnik

Herstellung:
Books on Demand GmbH, 22848 Norderstedt

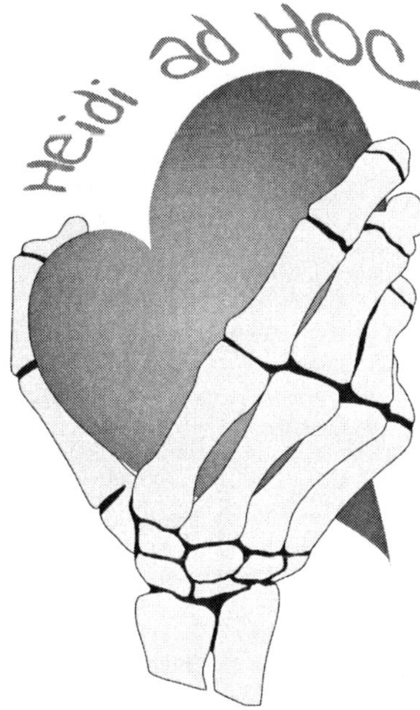

Lilaschwarz

Culex - Verlag

Die seit Jahrzehnten am Niederrhein wohnende Autorin Heidi ad Hoc erfuhr den Zeitpunkt ihrer lyrischen Geburt vor einigen Jahren, als sie dem Schriftsteller Gerry X begegnete und er sie als Gast-Leserin zu einer seiner Bukowski-Nächte einlud. Aus spontanen Bühneneinlagen entwickelten sich die Charaktere »Karl & Karla, die Geschwister Bukowski«, deren Kalauer man im Zusammenhang mit der »Bukowski-Nacht – der ganz normale Wahnsinn« immer wieder erleben kann.

Heidi ad Hoc sah sich fortan ermutigt, ihr leidvoll-glückliches Dasein in der ihr eigenen Sprache zu vertexten. Sie selbst bezeichnet diese Gedankenspiele als »Notschreie ihrer verwundeten Seele auf der verzweifelten Suche nach einem Ausweg«.

Sowohl mit ihrem eigenen Programm »Pamphlete der Realität«, als auch in der Veranstaltungsreihe »Culex - Literaturarena« wird Heidi ad Hoc weiterhin ihre Leidenschaft auf der Bühne zum Ausdruck bringen.

Dank Euch:

- den Männern in meinem Leben: Dirk, Gerry, Roberto, Dieter
- den Frauen in meinem Leben: Erika, Judith, Ela

Ohne euch befände ich mich nicht!

Dank auch Allen, die mein MichSelbst gedeihen ließen werden

Ambivalenz

Liebe zerreißt Dich!
Liebe lässt Dich wieder als Gesamtheit spüren!
Liebe zerbricht Dich!
Liebe lässt Dich frohlockend wieder Eins sein!
Liebe reißt Dein Herz entzwei!
Liebe lässt Dich fühlen, spüren, erleben!
Liebe zerbricht Deine Seele!
Liebe erschafft Dich neu!
Liebe macht Dich zum Sklaven des Selbst!
Liebe lässt Dich befreit aufatmen und frei fühlen!

Liebe bringt Dich in Abhängigkeit zum Anderen!
Liebe lässt Dich Frieden, Ruhe und Glück teilen!
Liebe beraubt Dich Deiner Fähigkeiten!
Liebe lässt ungeahnte Kräfte in Dir erwachen!
Liebe beraubt Dich Deines Selbst!
Liebe befreit, entdeckt neue Seiten an Dir!
Liebe lässt Dich unendlich tief sinken, erniedrigt Dich!
Liebe vermittelt Hochgefühl, erhöht Dich!
Liebe hält Dir den Zerrspiegel Deines Ichs vor!
Liebe lässt Dich in Glorie erstrahlen!

Wahre Liebe ist der Todesabgrund,
die Königin der Zwietracht!

Wahre Liebe ist die Krone der Schöpfung!

Selbsthass

Ich hasse mich,
meinen Körper,
meine Emotionen,
meine Gedanken.

Ich verstehe mich selber nicht,
verwirrt über mich und meine Gedanken.

Ich schaue auf meine Tattoos und … erschrecke,
will sie nicht mehr sehen müssen, denn –
sie gehören zu einer anderen Person,
einem anderen Menschen, der ich nicht mehr bin!!

Einst verband ich mit Tattoos: Stärke, Kraft, Mut,
Selbstbewusstsein,
Eigenschaften, die ich nicht mehr besitze,
weil ich nicht mehr *dieser* Mensch bin.

Am liebsten würde ich diese Zeichen
wegwischen,
abkratzen,
herausschneiden!!

Verschwinden sollen sie auf ewig,
denn ICH … bin nicht mehr
ICH!!!!

Ich blicke nicht mehr in den Spiegel,
aus Angst,
meinen eigenen Wahnsinn
UND
meine Verrücktheit …
erblicken zu müssen!

Ich kann mein Spiegelbild nicht mehr ertragen,
erschrecke vor ihm,
aus lauter Selbsthass,
aus Furcht vor dem Wahnsinn in meinen Augen …

… meine Systeme spielen verrückt –
– die erste Stufe des Durchdrehens!

ICH … bin nicht mehr
ICH!!!!

Ich habe mich verloren,
verstrickt in Furcht,
Angst,
heller Panik …
mein Leben ist ein einziges Zittern, Bangen Fürchten …
… um meinen Verstand.

Ich verschwende meinen letzten Rest Kraft an Angst und versuche verzweifelt, durchzuhalten.

ICH … bin nicht mehr
ICH!!!!

Ich hasse mich dafür!!
MICH …
Alles an MIR!!!

Ich wünsche mich zurück,
suche verzweifelt
nach meinem alten Ich,
verirre mich wieder und wieder im
Dschungel meines Pessimismus!!

Freude,
Kraft,
Stärke und Mut sind Fremdworte für mich,
aus einem anderen Kosmos stammend, dessen Sprache
ICH
nicht mehr beherrsche …

… verlernt durch Furcht,
Angst,
helle Panik!

ICH … bin nicht mehr
ICH!!

Ich bin ein ängstliches … wimmerndes … heulendes …
weh- und selbstmitleidiges Häufchen Angst geworden …
… und dafür HASSE ich mich!!!

Aus lauter Verzweiflung und einer gehörigen Portion
Selbstmitleid weine ich wieder und wieder bittere Tränen

jede einzelne frisst sich in mein Herz und hinterlässt noch mehr
Chaos und Hass …
… Hass auf mich selbst und Alles an und in mir!!!

… erschöpft und betrunken schlafe ich ein…

… und am nächsten Morgen werde ich wach und das Karussel
aus Selbsthass, Angst und Verzweiflung beginnt sich erneut zu
drehen …

Wie schnell dreht es sich dieses Mal???

Ist heute vielleicht der Tag
an welchem ich meinem **Wahnsinn** erliegen werde???

Deine Liebe...

Deine Liebe
Du hast sie mir genommen.
Abgestellt
wie auf Knopfdruck
ausgeblasen
wie eine Kerze vom Wind ...

Deine Liebe
Du hast sie mir genommen.
Abgeschoben
auf ein Abstellgleis
vergraben
unter Seelentrümmern ...

Deine Liebe
Du hast sie mir genommen.
Amputiert
wie ein defektes Gliedmaß
operiert
wie einen gefährlichen Tumor ...

Deine Liebe
Du hast sie mir genommen.

Du hast dabei nur nicht bedacht
dass Du mir damit auch Mein Glück

Mein Herz

Meine Seele

genommen hast ...

Kalte Dusche

Gurrend und stelzend umschleicht mich ein Männchen,
macht mir Komplimente,
raunt mir in's Ohr,
wie schön meine Stimme ist.

Wispert leise und zärtlich Umgarnendes mir zu.

Bestellt mir Drinks,
„Trink nur, ich zahle",

unterbreitet mir Heldenepen aus seiner Vergangenheit.

Reckt den Hals,
spreizt das Gefieder,
stellt den Kamm auf …

… wie imposant!!!

Versucht, sich als bester Hecht im Teich anzupreisen

Und vergisst nicht, immer wieder zwischendurch
Schmeicheleien einzustreuen …

Lässt die Muskeln spielen:
„Ich bin der Stärkste hier!!!"

Natürlich darf auch die Prahlerei mit seiner vermeintlichen
Intelligenz nicht fehlen!

Stolz schwellt er die Brust
ob seiner Kühnheit und Klasse.

Aufschneiderisch erzählt er von seinem tollen Auto,
wedelt mit seiner prall gefüllten Brieftasche vor meiner Nase …

… jedoch vergisst er dabei nie, mir zu bestätigen:
„Was für eine tolle Frau Du bist!!"

Er ist die Krone der männlichen Schöpfung,
das Beste, was mir als Frau passieren kann …

„Männchen kann jagen UND Feuer machen!!" …

… BIN ICH BEEINDRUCKT!!!

Nach Stunden glättet er sein schütteres Haar,
zieht den Bauch ein,
setzt ein intelligentes Gesicht auf …

… um mir endlich die Alles entscheidende Frage zu stellen,
in der Hoffnung,
ich sei auf sein Imponiergehabe nun hereingefallen

und hätte genug getrunken …

… für ihn ist die Zeit für den totalen, letzten Angriff gekommen,
vermeintlich hat er sein Revier abgesteckt
und mich im Sturm erobert,
er ist nun mutig genug,
Alles
auf eine Karte zu setzen
und traut sich heraus
mit den Worten:

„Gehen wir zu Dir oder zu mir?????"

Ich schmeiße mich weg vor Lachen und sage:

„Zieh den Schwanz ein und verpiß Dich!!!

Oder was meinst Du,
was Du kannst,
was mein Vibrator mir nicht besorgen könnte????"

Aspekte

Liebe ist käuflich.
Soweit Du es zulässt.
Soweit Du Dich darauf einlässt.
Soweit Du es erlaubst!

Liebe ist eine falsche Schlange.
Die sich um Deinen Kopf wickelt.
Dir die Luft abschnürt.
Soweit Du es möchtest!

Liebe ist eine mietbare Schlampe.
Die Dir Aufmerksamkeit schenkt.
Wie Du es willst.
Die Dich betört, nach Deinem Ermessen!

Liebe ist eine billige Hure.
Die Dich einlullt, wie Du es zulässt.
Die Dich umgarnt, wenn Du es erlaubst!

Liebe ist eine Hure der Optik.
Aufbauend auf Verherrlichung des Anderen.
Durchhaltend aufgrund Selbsttäuschung!

Liebe ist eine Hure.
Die sich Deinen Wünschen fügt.
Deine Bedürfnisse erfüllt.
Wie Du es magst!

Liebe ist eine Hure der Gedanken.
Entstehend durch pure Illusion.
Beruhend auf reiner Selbstsuggestion!

Liebe ist eine Hure der Einbildung.
Beginnend mit reiner Selbsthypnose.
Und der Kraft, die eigenen Gedanken zu lenken!

Liebe ist nichts weiter als eine billige, abgehalfterte Hure.
Die Dir soweit eine Dienerin ist.
Und all Dein Begehren erfüllt.
Wie Du es wünschst und tolerierst!

Liebe, Du altes Wrack.
Du heruntergekommene Hure.
Dem Untergang geweiht!!

Verpiß Dich!!!

Daily soap

Das Leben ist wie Fernsehen für mich:
Ich zappe mich von Sender zu Sender,
was mir nicht gefällt, wird weggedrückt,
ich schalte einfach weiter.
Und suche die nächsten bunten Bilder,
die mir besser gefallen,
die mich mehr ansprechen.

Nachdenken möchte ich natürlich auch nicht:
Ich möchte mich berieseln lassen,
mich seichter Unterhaltung preisgeben.

Ach, seid doch nicht so anstrengend,
redet doch nicht über tiefgehende Dinge,
das ist mir zu beschwerlich,
dazu habe ich keine Lust!

Ich möchte, dass Ihr mich unterhaltet,
ablenken sollt Ihr mich von meiner Trübsal,
ein bisschen möchte ich mich beteiligen,
aber bitte nur schön oberflächlich,
verlangt keine Anstrengung von mir!
Wenn es mir keinen Spaß mehr macht,
verabschiede ich mich und suche die nächste seichte! Sendung.

Und vergesst bitte nicht:
Das Ganze darf auch nicht allzu lange dauern,
das würde mich ermüden,
ich hätte keine triviale Freude mehr.

Dann müsste ich wieder umschalten,
mich von Euch abwenden
erneut nach banaler Ablenkung suchen!

Das Leben ist für mich eine Seifenoper:
Bunt,
  schrill,
    kitschig,
      glamourös,
Flach,
     ohne Tiefgang,

Unbedeutende Konversation erfreut mich,
bitte schreckt mich nicht mit euren Problemen,
behaltet sie für Euch,
stört mich nicht damit in meiner Traumwelt.

Das könnt Ihr mit mir nicht machen:
Zerstört nicht mein Bild des Lebens.
Ich will meine schillernde, gehaltlose Welt!
Ihr wollt mir doch nicht sagen,
dass es so etwas Verpöntes wie Probleme gibt?
Die Welt ist schön,
das Leben ist gleichförmig!

Nein, ich kann und will Euch nicht hören,
Ihr mit euren Schwierigkeiten!
Lasst mich damit in Frieden;
Bedenkt: werdet Ihr mir unbequem,
dann schalte ich um und weg seid Ihr!
Ich will keinen Tiefgang,
ich will abschalten und nicht nachdenken müssen.

Schöne, heile Welt!!!

Da weiß man, was man hat.
Guten Abend!

Das soll es gewesen sein

Das war's!
aus,
vorbei,
mein Leben
ein einziger Scherbenhaufen!

Meine Zukunft,
arbeiten,
allein zu Hause vegetieren,
vor der Glotze,
im Bett,
betrinkend,
heulend,
allein,
einsam!

Dies soll es gewesen sein,
keine Perspektive,
keine Zukunft,
kein Lachen,
keinen Spaß,
keine Freude!

Nur noch Traurigkeit,
Leid und Schmerz.
Nur noch Finsternis,
kein Licht am Horizont,
nie mehr Sonnenschein!

Das war's!
aus,
vorbei,
nur noch Einsamkeit und Trauer,
nie mehr Strahlen,
nie mehr wohlfühlen.

Nur noch Schmerz,
Tränen,
Leid!!

DAS WAR'S!!!

zombie

Ein Zombie, weißt Du, was das ist???

…

Nein, es ist nicht dieser blau angelaufene Typ, der geifernd hinter Dir her rennt und versucht, Dich zu fressen.

Die Definition von Zombie lautet korrekt:

LEBENDER TOTER!!

Weißt Du nun, was ein Zombie ist??

Der ein Zombie ist, der nicht alte Verhaltensmuster durchbrechen kann;

Ein Zombie ist der, der jeden Tag erlebt wie den vorherigen und den nachfolgenden;

Der ein Zombie ist, der Gedanken- und Gefühllos in stupider Gleichförmigkeit vor sich hindümpelt,
unfähig, die vielfältigen Variationsmöglichkeiten des Lebens zu bemerken, zu spüren,
geschweige denn, sie zu LEBEN!

IMMER SCHÖN MIT DER MASSE SCHWIMMEN;
BLOß NICHT AUFFALLEN, BLOß NICHT ANDERS SEIN;
BLOß KEIN EIGENES PROFIL AUFWEISEN!

Immer mit, niemals dagegen! Ohne Ecken und Kanten, rund, gleichmäßig, ebenförmig.

Bourgeoises Verhaltensmuster: klein, duckmäuserisch,
lieber wegschauen als Anderen in Not zu helfen, selbst auf die Gefahr hin, dass dieser Weg ohne Umschweife zum Untergang führt.

EGAL, Hauptsache, Du weichst nicht von Deiner Linie ab und schwimmst schön weiter mit dem Strom.

Ich frage Dich erneut: WEISST Du nun, was ein Zombie ist?

Nein??

Armer, bedauernswerter Zombie, kennst nicht Nonkonformität, nur Uniformität.
Alles Andersartige macht Dir Angst,
bringt Deine kleine, normale Welt durcheinander.

Willst kein Auf noch Ab, willst immer nur gleich sein.

Armer, bedauernswerter Zombie …

Beginne zu LEBEN!!!!!!!!

JETZT!!!!!!!!!!

self destruction

Mein Herz zerreißt, bricht … auf … verbrennt
Mein Magen dreht sich um die eigene Achse und wieder zurück
…
Du bekommst Schiss!! Deine Nervenleitern brennen durch, verglühen, wie ein Meteorit in der Umlaufbahn des Alltags.

Ich empfange nur noch absolut unkorrekte Impulse,
Ich bin fixiert … meine Gedanken … auf:
ANGST!!
Ich =
ANGST =
Ich =
VERRÜCKT;
Ich =

offene Wunde = verletzt = traurig = hilflos =

… kurz vor'm DURCHDREHEN!
Gedanken rotieren, drehen sich im Kreis …
Ich …
Du hasst Dich!
Ich =

Scheiße = SCHEIßE = ABSCHAUM = nichts wert!

Wertlos = hilflos = ausgeliefert meinem Selbsthass … bis zum:

… *WAHNSINN!! WAHNSINN!!*

Wahnsinn? = Ich selbst, verzweifelt! Ich für Euch zu sein! Ich suche mich, meine Wahrheit, meine Realität! Ich will mich nicht träumen für Euch!! ICH WILL MICH!

Du hasst Dich!
Dein Dich Selbst denken!
Dein Dich Selbst fühlen!

Die einzige Heilung versprechen Alkohol und Sex. Eine trügerische Heilung!!
Sex = Ich spüre mich selbst, aber leider auch nur von außen;
Alk = Ich spüre mich selbst, aber kein Anderer mehr!

Performance: Sex and drugs and Rock 'n' Roll,
Sex and violence

Wenn es so einfach wäre …
Versteht Irgendjemand Irgendetwas??

Wenn ja ergreife er/sie meine Hand und errette und erlöse mich von mir selbst!!

Ein Selbst, das ich nicht mehr sein will!!!

Die alte Kriegerin

Ich will nicht mehr kämpfen,
bin des Streitens müde,
wünsche Gleichklang unserer Herzen,
unserer Seelen …

Ich will nicht mehr streiten,
nicht mehr aufbegehren,
nie wieder auflehnen müssen,
Akzeptanz und Respekt ist Wunsch …

Ich will nicht mehr feilschen,
um Deine Aufmerksamkeit,
um Dein mir nahe sein –
reiß Deine Mauer ein!

Die alte Kriegerin ist erschöpft,
müde, ob all der Anstrengungen,
begehrt nur noch Ruhe und Gemeinsamkeit,
Liebe und Glück*seel*igkeit …

… kann und will das Schwert nicht mehr zücken,
die Hellebarde nicht mehr erheben,
fühle, es muss mehr geben,
als Kampf um Macht und Vorherrschaft …

Will mein traurig erfülltes Haupt
nur noch niedersinken lassen
in Vertrautheit und
liebevoller Wärme!

Kann und will nicht mehr spielen,
des Lebens Spiel um
Anerkennung, Macht, Treue und Liebe!

Will endlich Ruhe und inneren Frieden finden,
mein Haupt gebettet auf Deiner Liebe,
ohne Sorgnis, Du könntest mir rauben
meiner Seele Ruh' …

Liebe, wenn sie gereift
Gutem Wein gleich,
ist Leben und Lieben und Fühlen und Beisammen sein …

… in Ruhe, Gelassenheit, Sicherheit und
unbeschreiblicher Zusammengehörigkeit,
der die alte, müde, erschöpfte Kriegerin so dringend bedarf!

… übersteht Sturm und Orkan,
ist unantastbar allem Äußeren,
reift mit jedem Jahr des Zusammenseins,
bis nichts mehr übrig als die tiefempfundenen Gefühle
für nur den einen Menschen,
nur Dich!

Deine Nähe mein Frieden sei,
Dein Körper mir Lagerstatt sei,
Deine Liebe meine Daunen seien…

Wie gern würde die alte, müde Kriegerin
ihr Herz verschenken an Dich,
wenn all dies der Lohn,
wenn endlich Ruhe und Frieden
dadurch würden Einkehr finden
in mein Herz,
in meine Seele,
in meine Liebe
zu Dir, ewiglich,
würdest Du … sie nur erwidern.

So muss die alte, müde, erschöpfte Kriegerin kämpfen,
jede Stund,
jeden Tag –
bis sie endlich gefunden,
was sie immer gesucht …

Die Bestie

Verspürst auch Du ES – manchmal??

Diesen unbändigen Hunger nach Leben?
Diesen unzähmbaren Zwang auszubrechen?

Fühlst auch Du inmitten von namen-, gesichts- und profillosen **Zombies** den Drang, Dich abzugrenzen?

Befürchtest auch Du, umgeben von der Masse, zu explodieren?

Bist auch Du autark, einsam inmitten der „Norm=alen"?

Fühlst auch Du, was ich meine?

Hast auch Du immer häufiger das Gefühl, Etwas in Dir will in den Vordergrund treten,
ausbrechen,
sich befreien??

Verspürst auch Du, was ich meine?

Kennst Du dieses Gefühl, Du müsstest, im Angesicht der Masse, platzen?
Bemerkst auch Du dieses Verlangen in Dir, den Namen-, Gesichts- und Profillosen zu zeigen, was Emotionen bedeuten,
was es heißt, sich gut, stark und mutig
oder aber klein, schwach und hilflos zu fühlen??

Hast auch Du manchmal das Begehren, diese **Zombies** zu vernichten???

Wenn Du all diese Fragen bejahen kannst, dann weißt Du,
wovon ich spreche,
was in Dir schlummert,
aus Dir ausbrechen möchte:

Die BESTIE!!!

Die „Bestie“, die Dir und auch mir innewohnt!

Lass die Bestie raus.
Befreie sie aus Deinem Käfig
Versuche, den Namen-, Gesichts- und Profillosen den Weg ins Leben zu weisen.

Gib den **Zombies** Futter zum Nachdenken,
Rüttel’ sie auf!!

Zeig ihnen Deine „Bestie“, Dein PROFIL, Deinen Way of Life!

Weise der Masse einen Ausweg aus ihrer Lethargie und Apathie.
Erleuchte den **Zombies** den richtigen Pfad zurück ins LEBEN!!

Nur wer seine Bestie akzeptiert und hernach befreit,
ist befähigt, die Welt aufzurütteln und zu schütteln und Missstände aufzudecken!!

Lasst unsere Bestien Lethargie und Apathie ersetzen durch Emotionen und Leben!

Versuche, Etwas anzustoßen, in Bewegung zu bringen,
es könnte der Mühe wert sein!
Wecke die Masse auf, scheuche sie aus ihrer Routine raus,

LASS DEINE BESTIE RAUS!!

Und haben wir genug geträumt und uns aufgebäumt
und müssen hernach bemerken –
es ändert sich Nichts,
so können wir „Bestien“ zumindest voll Stolz sagen:

„WIR, im Gegensatz zu euch, haben gewusst bewusst zu leben!!!“

zweigleisig

Die Glotze läuft,
rauscht an mir vorbei,
ohne, dass ich Irgendetwas registriere.

Mechanisch verrichte ich meine Tätigkeiten:
 Duschen,
  Tiere füttern,
   Blumen gießen,
    arbeiten,
     einkaufen.

Das Einzige, was ich wirklich mit bitterem Herzblut mache, ist:
            mich zu besaufen!

Zwei Filme laufen parallel, in denen ich die Hauptdarstellerin bin:
der mechanische, äußere Film
UND der emotionale, innere Film!

Der Wind bläht die Vorhänge,
auf und klein, auf und klein,
wie ein Gespenst,
das mir des Nachts in meinen Albträumen erscheint.

Ich rauche die ungefähr vierzigste Zigarette heute,
trinke das zehnte Glas Rotwein innerhalb von 2 Stunden.

Die widerlichen Ekelfliegen schwirren um meinen Kopf,
benutzen meine Nase und Oberarme als Landebahn;
mechanisch schlage ich nach ihnen,
versuche, sie dadurch zu vertreiben –
wie meine wirren Gedanken.

Meine Einsamkeit spricht zu mir:

  was wirklich Intelligentes kommt nicht dabei heraus.

Es laufen immer noch 2 Filme in mir ab:

der völlig langweilige,
 öde,
  stinkige,
   mechanische,
    äußere Film,

und immer noch dieser verschissene,
 quälende,
  innere Film,
   der meine Gedanken quält,
    mich in endlos tiefes Chaos stürzt.

Hauptsache, die Pflanzen auf meinem Balkon wachsen,
            HAHAHAHA!

Wachsen und werden größer –
genau wie der *WAHNSINN*,
der sich unausrottbar ausbreitet wie Unkraut!

Darauf sauf' ich mir noch einen
            und falle besoffen um.

Das war's für heute,
                        bis morgen!

Schmerz

Dunkelheit umfängt mich,
  pechschwarze Nacht –
ich lieg' allein,
        bin hellwach.

Tränen rinnen Salzseen gleich über mein Gesicht,
        der Schmerz, die Trauer, sie verlischen nicht.

Gramgebeugtes, unendlich traurig Herz,
        beladen mit meiner Welten Schmerz.

Meine Seele fließend aus mir heraustretend wie Salzseen,
        Keiner wird je meinen Schmerz versteh'n!

Einsamkeit mein Denken betrübt,
        ich hilflos, da völlig ungeübt!

Schmerz, Leid, Trauer, grambeugend mein Empfinden,
  Emotionen, die nie mehr verschwinden,
        auf ewig andauern,
            nur noch trauern,
                einzig Leid und Qual,
                    ohnmächtig, ohne Wahl.

Der Schmerz, unerträglich erscheinend,
        auf ewig das Leben verneinend.

Schmerz, von nun an mein Lenker seiend,
        ich, auf Ewig einzig weinend.

Der Abend davor

AAAAAAAAAAH,
  meine Seele schreit,
    mein Herz zerreißt,
mein Magen dreht sich unaufhörlich immer schneller im Kreis –
– aber ich habe es so gewollt!

Tränen brennen in meinen Augen,
kotzen gehen muss ich auch,
meine Gedärme zittern und krampfen –
– aber ich habe es so gewollt!

Ich muss mich betrinken,
will nicht mehr denken,
einzig mein Kopf bleibt klar –
– aber ich habe es so gewollt!

Bin erfüllt von Schmerz, Traurigkeit, Kummer und Sorgen,
meine Gedanken nur noch leidvolle Qual,
meine Gliedmaßen schlottern –
– aber ich habe es so gewollt!

Meine Gedanken sind ein einziges Chaos,
auch der Hubschrauber in meinem Ohr wird immer lauter,
in meinem Inneren tobt ein Kampf auf Leben und Tod –
– aber ich habe es so gewollt!

Ich weiß jetzt schon, dass ich keine gute Nacht habe,
zuviel denken und rauchen werde,
zu wenige Stunden Erholung bekomme –
– aber ich habe es so gewollt!

Morgen ist es soweit,
morgen wird mein Wille das Urteil fällen,
morgen ist der Tag der Trennung,
kein Gejammer und Gewinsel mehr,
es liegt einzig in meiner Verantwortung,
nun muss ich mit den Konsequenzen leben –
– aber ich habe es so gewollt!

Dämonen der Finsternis

Überschäumend vor Glück,
manisch labend an meiner Tollkühnheit,
glückstrunken taumelnd ob meiner Kühnheit,
traumbeflügelt,
Ikarus gleich!

Den Gipfel der Glückseeligkeit
erstürmend in tollwütigem Freudenrausch,
wahnwitzig erringend den Sieg einer Schlacht,
berauscht vom Met des Stolzes,
David siegt über Goliath!

Doch halt:
sehe ich nicht die schwarzen Wolken
unheilvoll aufziehend am Firmament
meines neu erfahrenen Ruhmes?

Mein ist ein verschwindender Sieg
in einer unbedeutenden Schlacht,
der Krieg jedoch längst nicht gewonnen,
die Dämonen des Untergangs
lang noch nicht berungen
und in die Knie gezwungen!

Ein schmaler Grat
zwischen Ruhm, Stolz und Ehre,
Verdammnis, Betrübnis und Niederlage!

Nicht Stolz sein mein,
Hochmut ist mein Fall,
einmal gestrauchelt
nie wieder ich werde mich erheben!

Niemals mehr voll Mut und Tatendrang
den Körper, den Geist recken
gegen meine Dämonen der Finsternis!

Vorsicht mir sei geboten,
nie wieder wanken und stürzen
auf die falsche Seite des Grates!

Erfreuend mich ob des errungenen Sieges,
nicht jedoch voll Hochmut
erliegen
meinen Dämonen der Finsternis!!

Wann ist es endlich vorbei??

Ich traumselig geschlagen mit der Liebe Fessel,
entbehrend all des Lebens Freude,

taumelnd benommen gestrandet an des Sirius Ufern!

Und werde ich Dich immerlig lieben,
schmerzvoll gewahr werdend des Lebens echte Wahrheit,
ertrinkend in des Lebens Schwärze
mich umhüllend einem Leichentuch gleich!

So musst ich erfahren des Lebens bittere Weisheit,
mich trunken an des Abendhimmels Dunkel!
Angst nimmt mir die Luft zum Atmen,
das Leben fesselt mich mit den Schnüren des Todesengels!

Getrunken aus des Lebens Gosse
die Exkremente Deiner Existenz
waidwund berauscht an Deinem Körper,
Deinem DICH!!

Wie habe ich gekostet von der Liebe süßen Frucht,
der Liebe süßen Traum,
die Wahrheit Gefühlsrauschig betrachtend.

Nun holt mich das bittere Leben ein,
mit all seinen Schmerzen und Qual,
verbrennend in der Sonnenaura
Deiner Wirklich- und Wahrhaftigkeit!

Erkennend bitterlich, das All dies nichts weiter als
Lug und Betrug,

im Kopf, im Herzen,
allein nur an Dir Selbst!!

Herzbluttränen ergießen sich über meinen Korper,
einem tödlichen Lavastrom gleich,

jedoch sie vermögen nicht meinen einzigen, qualvoll spürbaren
Schmerz
zu lindern,

an Dir,
immer nur Dir
und Dich!!!

Trübe Erkenntnis

Hirngespinste eines Wesens
Aus einer Zeit
In der es sich trügerisch   einigermaßen fühlte

Tagträume eines Menschen
Aus einer Phase
Des vermeintlichen   sich Besserfühlens

Fiktionen einer Person
Aus einem Abschnitt
Irrglaublichen Hochgefühls

Wahnvorstellungen eines Individuums
Aus Tagen und Wochen
Angeblichen Positivismus

Geschraubt am Verstand,
wirrwa(h)rlich geredet,
gedrillt auf:
Mut
Kraft
Stärke

Erschrocken bemerkend nach wenigen Tagen,
entlassen aus den Beschwörungsformeln,
einer Scheinwelt
– wie ach so verlogen –
Abgrundtief falsch,
absolut irrsinnig,
nur Schein,
nie Sein!!!

Sich Selbst
Mit Körper,
Verstand
und Seele

Wieder verlierend
Im dunklen Sumpf von
Furcht
Angst
Panik

Wie unglaublich trügerisch der Köder doch war,
wie unendlich leichtgläubig
ICH

Auch nur einen einzigen Funken Hoffnung verspürend
Geschöpft aus dem mystischen Meer der Worte.

Alles gegeben und nun wieder verloren
MICH

An immerwährende Sinn- und Mutlosigkeit!!

Aus mit Lug
Ende mit Betrug

ICH HABE EINFACH NUR SCHISS!!!

Frei sein

Stehend am Fenster,
starrend in des Himmels unendliche Blauschleierwolken;
Kapriolenschlagende Wolkengebilde gewahr werdend.

Sehne mich hinauf zu meinen Wolkenschwestern,
will verschmelzen mit dem unendlichen Horizont,
mag schwebend tanzen mit den Watteweichen,
köstlich labend an des Firmaments Blauzart.

Lachend singen und spielen,
eins werden mit der Zuckerelfen Freiheit,
losgelöst von der Erden Last,
entbunden des Körpers Gefängnis!

Atmosphäre sein mein Lebensquell,
schwerelos und sorgenfrei genießend der
Ungebundenheit süßer Hauch!

Eintauchend in das lieblich blaue Himmelsmeer,
vereint sein in Frieden und Freude,
glückselig tanzend mit den weißen Federn!

Beseelt einzig von Schwerelosigkeit des Geistes,
köstliche Berührung mit dem ewiglichen Himmelszelt.

Verträumt reibe ich meine Augen,
langsam gewahr werdend der kalten Wirklichkeit!

Seufzend bewahrend dies Kleinod in meinem Herzen,
langsam verblassend, einem Trugbild gleich…
… übrig einzig die Schattenwolken verbleibend!

Schwester Wolke, Bruder Himmel,
wann darf ich auf ewig mich mit Euch vereinen
und Äonen eins sein mit eurer Autarkie
von des Körpers und der Realität kalter Fesseln?

Genug!

Genug! der bitteren Herzbluttränen geweint,
Genug den trüben Gedanken nachgehangen,
Genug Trübsal geblasen,
Genug des bitteren Schmerzes durchlitten,
Genug der Einsamkeit angstvoll erlebt,
Genug der Depression Platz eingeräumt,
Genug erstarrend verharrt ob all der Qual,
Genug mit zerstörerischen Selbstzweifeln gepeinigt,
Genug mit todbringendem Leid vertrödelt,
Genug des Kummers im Suff ertränkt,
Genug mich Selbst des Lebens beraubt,
Genug mich eingesperrt in meinen eigenen Kopf,
Genug mich beschränkt der Freude,
Genug bestohlen der Liebesträume,
Genug der Enttäuschung meines Vegetierens,
Genug vom Leben entfernt,
Genug der Worte Narben in meiner Seele,
Genug der allumfassenden Trauer erlitten,

GENUG!

… wann endlich reift die Zeit zum Leben??

Geschmäcker

Klar, ich gefalle Dir,
weil ich sonst Niemandem gefalle,
Du Dir meiner sicher sein kannst!!

Klar, meine Art gefällt Dir,
weil sie keinem Anderen gefällt
und Du mich deshalb nicht teilen musst!!

Klar, meine Haarfarbe beeindruckt Dich,
weil sie auf alle Anderen abstoßend wirkt
und Du dadurch keinen „Nebenbuhler“ hast!!

Klar, meine negative Selbsteinschätzung stimmt Dich glücklich,
weil Du daher nicht befürchten musst, dass ich auf jemand
Anderen hereinfalle!!

Klar, meine Aufnahmen gefallen Dir,
weil ich darauf so hässlich bin,
dass kein Anderer mich attraktiv finden kann!!

Aber nun ist mir klar,
warum Dir meine Wohnung nicht gefällt,
die einzige Plattform, mich Selbst auszudrücken,
die einzige Basis, mir Selbst etwas Gutes zu tun,
die einzige Möglichkeit, mich Selbst zu zeigen,
der alleinige Raum, in dem ich nur mich,
einzig und allein MICH verwirklicht habe!!

Dies konfrontiert zu Deiner Einstellung:
Ich habe mich und ICH!!
Dies kollidiert mit Deiner Meinung:
Ich weiß nun, was ICH will!!

Dies negiert Deine These,
dass ich ALLEIN nicht lebensfähig bin.

Denn dies bin ICH,
hier fühle ich MICH wohl und geborgen.

Hier bin ich einfach nur ICH!

Und damit kommst Du nicht klar …

Gefühlschaos

Ich will einfach nichts mehr,
nicht mehr denken,
nicht mehr fühlen,
nicht mehr spüren!

Ich kann nichts mehr,
nicht mehr lachen,
nicht mehr freuen,
nicht mehr lieben!

Mit einem Wimpernschlag wischst Du ein halbes Leben aus,
stellst Deine Gefühle ein,
mit einem Knopfdruck in Deinem Kopf …

Ich kann nicht mehr,
ich will nicht mehr,
atmen,
funktionieren,
denken,
fühlen,
LEBEN!!

Wieso? WIESO?? WIE-SO????
Warum? WARUM?? WA-RUM????
Weshalb? WESHALB?? WES-HALB?????

Ich leide wie die Sau,
ich glaube zu krepieren an meinem Gefühlschaos!

Ich will nicht mehr,
lass mich einfach einschlafen und
nie wieder aufwachen!!

Ich bin zu feige,
ES zu tun,
also bitte, wer auch immer,
erlöse mich endlich
und
mach meiner Qual endgültig ein Ende!!

Ode an den Mann

Blutrotdurchtränktes Morgenblau
Wolken bilden eine Freudenphalanx
Aufbäumend mutig, ich bin Deine Frau,
freudig erblickend Deiner Augen Glanz!

Lebensfroh, nur Glück erwartend,
sanft streichelst Du meine Haut,
niemals unsere Liebe verratend;
noch nie einem Menschen so vertraut!

Feurige Glut erwacht in Deinen Lenden,
Du erkundest meinen Körper mit Deinen Händen,
lustvoll erschauert mein Leib,
Die Deinige, immer nur Dir gebenedeit!

Wir klammern uns aneinander,
Deine Zunge beginnt zu wandern,
endlich versinkend in meinem Muschelgrund,
verzückt schreie ich mir die Lungen wund!

Selbstlos beraubst Du mich meiner Sinne,
peitschst mich hoch und höher, ich lustvoll ertrinke;
gibst Alles dafür, dass ich Lust gewinne
und ekstatisch selbstvergessen versinke …
Einzig nur Wohligkeit,
andauernd in Ewigkeit!

Du bist mein Mann, ich Deine Frau,
das ist's, wir wissen's genau!!

selbstzweifel

Was bin ich?
Wo ist mein Weg?
Wer ist Heidi?
Wie sieht meine Zukunft aus?
Wird mich Irgendwer Irgendwann wieder mögen?
Wer bin ich?
Was ist meine Perspektive?
Habe ich überhaupt eine?
Was wird aus mir?
Wie werde ich in z.B. 5 Jahren drauf sein?
Werde ich dann überhaupt noch sein?
Was bin ich dann?
Werde ich mich Selbst jemals mögen?
Kann ich lernen, mir Selbst wieder zu vertrauen?
Werde ich Meinen Weg finden und
diesen auch gehen mit letzter Konsequenz?
Kann ich wirklich über meinen Schatten springen?
Werde ich mich Selbst je wieder akzeptieren?
Darf ich je wieder Glück erfahren?
Wird mir jemals wieder Liebe zuteil?
Erlerne ich je wieder Vertrauen in mich,
geschweige denn, mich Anderen zu öffnen und zu vertrauen?
Werde ich je wieder etwas Positives an und in mir sehen?
Werde ich auf ewig auf der Schattenseite verbleiben?
Kann ich irgendwann wieder befreit atmen?
Werde ich je wieder herzhaft lachen können?
Wird mein Himmel auf ewig von dunklen Wolken verhangen
sein
– oder darf auch ich wieder mal einen Sonnenstrahl sehen und
mich darin baden,
daran laben,
daran ergötzen?

Darf ich vielleicht irgendwann wieder einfach nur LEBEN???

Liebe ist Krieg!!

Du blickst mich an,
Deine Blicke entkleiden mich,
lassen mich wissen, dass Du mich
besiegen und beherrschen möchtest.

Du verlangst **Macht** über meinen Körper,
weil Du meinen Geist nicht unterwerfen kannst!

Alltäglich bin ich Dir überlegen, dafür versuchst Du Dich an mir
beim Sex zu rächen und mir Deinen Willen aufzuzwingen.

Du reißt mir die Klamotten vom Körper,
beißt mir in den Hals,
zwingst mir Deinen Willen auf.

Du klemmst meine Schenkel ein,
hältst meine Arme fest,
so dass ich mich nicht mehr bewegen kann,
mich Dir und Deinem Willen und Willfahren nicht entziehen
kann,
no chance.

Du penetrierst mich mit Deinen Fingern,
Deiner Hand,
ich bin Dir immer noch hilf- und wehrlos ausgeliefert!
Keine Möglichkeit, Dir zu entfliehen,
mich Dir zu entziehen!!!

Dein **Phallus** ragt auf wie eine **Lanze**,

Du willst den **Kampf** gewinnen!!!!
Du willst mich beherrschen,
besiegen,
Macht über mich haben.

Dein Wille wird mir aufgedrängt, ohne Chance, mich zu erwehren.

Du willst mich beherrschen!

Deine Lanze dringt in mich ein,
wenn Du es willst,
egal, was ich wünsche.

Dein Wille ist Alles und jedoch Nichts für mich!

Ich erschauere,
nicht nur vor Lust,
sondern auch vor Angst,
dass Du mich wirklich besiegen könntest.

Ich will mich nicht unterwerfen,
ich will die Oberhand bewahren.

Du missachtest meine Wünsche,
ich bin Dir egal,
wichtig ist Dir Deine körperliche und emotionale Befriedigung!

Deine Befriedigung,
Dein Wille,
Deine Wünsche,
Dein Sieg!!!

Hörst Du mich?
Nimmst Du mich wahr?
Weißt Du, was ich will??
FÜHLST DU MICH?????

Nein, das tust Du nicht und willst es auch gar nicht,
weil dies Deine einzige Chance ist, **Macht** über mich auszuüben,
mir überlegen zu sein, Dein Defizit auszugleichen,
dass Du mir sonst, im Alltag, unterlegen bist.

Für Dich bedeutet Liebe Macht über den Anderen,
Kampf um Existenz!!!!

Akzeptiere, dass auch ich Wünsche und Bedürfnisse habe,
begreife, dass Liebe kein Machtkampf ist!

Liebe ist Akzeptanz, Respekt, Anerkennung!

LIEBE IST KEIN KAMPF,
SCHWACHKOPF!!

Warum willst Du mich leiden lassen?
Warum hasst Du mich?

Warum versuchst Du, mich zu töten, mit den Worten auf Deinen Lippen:

Ich liebe Dich, Du Schlampe, Du weißt, dass ich Dich liebe! ??

WARUM????

Monotonie des Lebens

Die Uhr gibt uns das erste Signal des Tages:
Wir stehen auf, ziehen uns an, frühstücken und fahren zur Arbeit.

Dort verrichten wir jeden verdammten, stinklangweiligen Tag die gleichen, öden Tätigkeiten.

Wir sehen immer und immer wieder dieselben seelen- und leblosen Hüllen der uns Umgebenden.

Jeder erfüllt seine Aufgabe als klitzekleines Rädchen im Gesamtgetriebe:

Schau Dich um und Du musst zugeben, dass Dich dieses Verhalten und der Anblick an eine Legebatterie erinnert:

Alle sind gleich:
Die Verrichtung Aller ist das Selbe,
die Klamotten, Make-Ups und Frisuren ähneln sich.
Clonengleich!!

Wir Alle arbeiten ohne Nachdenken, ohne Abweichung, ohne Persönlichkeit, einfach nur stupide vor uns her!!

Jeden und jeden und jeden verfickten Tag dieselbe Scheiße, dieselben leeren Hüllen und verlorenen Existenzen!!

Die Uhr lässt uns zum zweiten Mal wissen, dass der erste Abschnitt des Tages unserer Sklaverei beendet ist:
die Roboter dürfen nun wieder heim.

Abgeschottet, Jeder für sich, einsam und alleine.
Der Zug ist voll, aber Jeder ist nur für, allein bei sich!

Angekommen, gehen wir nach Hause, essen Etwas, knallen uns vor die Glotze und warten mal wieder darauf, dass uns die beschissene Uhr das dritte Signal des Tages gibt, uns hinzuhauen und zu pennen.

Schlafen, damit wir auch am nächsten verwichsten Tag wieder mit voller Kraft unserer stupiden und einfältigen Monotonie nachgehen können!!

Am nächsten verkackten Tag stehen wir wieder auf, duschen uns, ziehen uns an, frühstücken und fahren erneut zur Arbeit …

… stupide, monotone, eingefahrene Routine jeden
unerträglichen neuen Tag …

DOCH HALT!!!!:

Manchmal bemerken wir abgestumpften, seelenlosen Roboter eine Abweichung von der verfuckten Routine, ein ungutes Gefühl, welches sich langsam aber gewaltig in unserem Kopf ausbreitet, mit aller Macht versuchend uns aufzurütteln, uns auf die Monotonie unseres Lebens stoßend!!

Wissend, dass wir dieses Gefühl, diese Anwandlung auf Gedeih und Verderb unterdrücken und bezwingen müssen, damit wir uns unserer ekelerregenden Routine und unserer schauderhaften Abgestumpftheit auf gar keinen Fall bewusst werden,

denn wäre dem so, dass wir dies zuließen, würden wir ausbrechen müssen aus der Monotonie unseres Lebens!

Um diese mit Allmacht drohende Gefahr zu bannen, betäuben wir uns mit Alkohol, Drogen oder Sex!!
Jedem das Seine!!

Dieses ätzende, an uns nagende Gefühl wird von Mal zu Mal
allmächtiger,
so dass wir immer und immer mehr Betäubung benötigen,
um dessen Herr zu werden.

Und am nächsten, verhassten Tag wieder die gleiche,
abgewichste Scheiße:

Wir stehen auf, duschen uns, ziehen uns an, frühstücken und
fahren zur Arbeit
wie geistlos, sinnlos, stupide und einfach nur zum kotzen!!!

Weicht endlich ab von dieser verhaßten Routine,
streift eure blechernen Roboter-Hüllen ab,
befreit euch endlich aus der stupiden Monotonie des Lebens!!

Erkennt endlich, den Augenblick zu genießen,
bemerkt EUCH!!,
Eure Wünsche und Bedürfnisse
Und lernt vor Allem EUCH auszuleben!!

Verbleibt nicht als Roboter, werdet endlich MENSCH!!!

Durchbrecht die Monotonie des Lebens!!

Herz aus Stahl

Tränenwund mein Herz am Boden
Liebeskrank meine Seele schmerzt
Kummertaub mein Fühlen erfüllt
Qualgeborenes Herzblut meine Lungen befließt
Leidbeton meine Brust beschwert
Liebesentzug meinen Hals abschnürt

Schmerzgequält mein Mich lähmt
Unfähig zu rühren
mein Körper gebunden
Durch der Kummer Ketten

Mein Kopf leidvoll erfüllt von:
Warum? WARUM?? WA--RUM???

Pein lähmt mich,
 meinen Körper,
  meine Gedanken,
   meine Seele,
    mein Fühlen,
     mein Herz –

nur noch trauerbeladene Träume,
   Gefühle,
      Gedanken …

Mein Ich am Boden zerstört!

Köstliche Meeresliebe

Aufsteigend aus des Meeres Wellen
die meerjungfräuliche Virginität;
geboren aus der Brandung Schaum,
entstiegen den Fluten der himmelsblauen Wassergewalten.

Ihre Schaumkrone blitzt und blinkt im hellen Mondlicht,
ihre Reinheit erstrahlt in süßester Klarheit!

Ach – welch freudige Friedens Völle mein Herz wohlig
durchdringt
im Angesicht der just geborenen Meeresjungfrau,
der Reinheit, Klarheit, Unschuldigkeit süßen Hauch
verströmend!

Komm, lass mich teilhaben an Deiner friedlichen Ruhe!
Lass mich verführen,
mich verschmelzen mit der Omnipotenz Deiner Naturgewalten!!

Ich will ein Teil sein von Dir,
ein Teil Deiner göttlichen Urkraft soll mein werden auf ewig,
mich auszeichnend und ehren mit Ruhe, innerem Frieden,
will mich selbst mit mir im Lot befinden, durch Dich,
Du süße Allmacht der Schöpfung!!

Will mich erfreuen an Deiner Allgewalt,
mich übermannend mit köstlicher Freude,
eins sein mit Dir und dem Kosmos, dem Du entstammst!

Ach – wie gerne wäre ich ein Bläschen des Schaums, dem Du
entstiegst …

… und wir würden wogen und tanzen und auf ewig glücklich
sein!

Preis des Lebens

Kopfsirrend unheilvoller Sirenengesang,
verkündigend elendiges Endzeitszenario;
ausgespieen aus des Wahnes satyrrischer Besessenheit,
genährt von der Schlange Mensch Mutterbrust.

Gehoben erhabenes Medusenhaupt,
ergeben geneigter Famulus …

Kopflos verfaulter Leichnam Societé ,
egozentrisch umkreisend Planeten Ego .
Wahrhaftigkeit verunstaltende Wahrheit,
realitätsfremder Realismus …

verloren, Verloren, VERLOREN!!!

Aus Ahnungslosigkeit geborene Ungerechtigkeit,
sich labend an der Wölfin Zitze
Romulus- und Remus gleich;
erkraftend, erstarkend, annektierend
den Ruheraum meiner Insel im Ozean
der alltäglichen Gleichsamkeitsbestrebungen!

Uniformierte Gedankengänge,
navigiert und transponiert
durch der Herrschenden Medien!!!

Egalität ist Programmierung,
eingesogen mit der Muttermilch!

Erkennt ihr das Programmierungsschema nicht??

Ertaubt und gefeit durch Edukation
gegen den unheilvollen Sirenengesang,
kündend der Menschheit Untergang!!

Süßklingend in meinen Ohren,
einem göttlichen Loblied gleich.

Wer dies nicht erhört und hernach glaubt,
soll verbleiben in stupidem Spartanismus!!

Frei nur DER, wer Freiheit lebt!!

Getrieben vom Sirenengesang,
kopfsirrender Trunkenheit erliegend;
Freiheit bezahlend mit bacchantischem Wahn,
erntend des Lebens reale Realität …

… oder erliegend der unbewußten Navigation,
bar jeglichen Individualismus!!

Wähle selbst Deinen Weg,
jedoch sei dessen gewiss:

Zahle immer den TÖDLICHEN PREIS!!!

Psycho

Niemals wurde ich bestärkt,
– nur Ablehnung ward mir zuteil!

Niemals wurde ich gelobt,
– nur Verachtung und Spott war mein Lohn!

Niemals hielt Jemand zu mir,
– nur Gleichgültigkeit ward mir gezeigt!

Niemals machte ich Etwas richtig,
– Alles war falsch oder verrückt!

Niemals wurde ich umsorgt oder gepflegt,
– blieb immer mir Selbst überlassen!

Niemals erfuhr ich eine Familie,
– nur Zank, Streit und Zwietracht waren meine Lehrer!

Niemals machte man mir Komplimente,
– Andere waren stets besser als ich!

Niemals nahm Jemand je wirklich meine Persönlichkeit wahr,
– ständig wurde ich niedergemacht!

Niemals interessierte meine Meinung,
– ständig wurde ich hinterfragt!

Nie hab ich ein sicheres Umfeld erfahren,
– Keiner kam je mit seinen eigenen Wiedrigkeiten klar!

Nie hat sich Jemand für mich interessiert,
– die eigenen Probleme waren immer wichtiger!

Stets war Alles egal, was ich tat,
– Mußte mir Selbst Grenzen aufweisen!

Niemals wurde ich geliebt,
– habe nur Hass und Schmerz erfahren!

Niemals habe ich wirklich gelebt,
– zaudere und hadere nur mit mir Selbst!

Und da fragt sich unsere Gesellschaft allen Ernstes,
warum es so viele „Psychos“ gibt?????

Tödliche Liebe

Dich, geträumt in meinem Alb;
Tränenverhangene Blutschleier
meine Augen umwölken,
benetzen meine Wangen
mit der Liebe tödlichem Tränenstrom!

Dich, bittersüß begehrend,
wahnsinnig Dein Ich ersehnend,
herbei, HERBEI!
Erhöre mich endlich!!

Dich verlangend mit jeder Faser,
jedoch allein erfahrend todeskalte Verachtung,
wutschaumig Deine Augen erblickend
mein ICH voll des Sehnsuchthasses!

Voll der Niedertracht
Dein Blick mich erfasst;
die Schlangen Deines Medusenhauptes
drohen mein Mich zu verschlingen,
wollen mich in den eiskalten Abgrund stoßen
aus dessen Dunkel ich nie wieder entrinne!

Panikgebeutelt schüttelt sich meine Hülle,
Todesangstvoll meine Augen geweitet,
mein Lebensstrom fließt Lavagleich durch meine Adern.

Mein Ich erfüllt mit Todessehnsucht!

Nie wieder denken,
nie wieder fühlen,
nie wieder lieben,
nicht länger leben!!

Weder ohne Dein Dich,
noch mit Deinem Du!!!

Du bist Ich,
ich bin Du,
so zerstört unsere Liebe unser beider Leben!

Kahlschlagvernichtend unser Beider Wohl!!

Die Liebe, zerstörerisch,
einem todesbringenden Gift gleich!

Du bist Ich,
Ich bin Du,

WIR SIND NICHTS,
im Angesicht unserer Liebe!!

Totentanz

Verzweifelt versuchend dem Pfad des Lebens zu folgen…

Hinfort, hinfort, weiter,
keine Kraft, keinen Mut!!

Totengleiche Masken erblickend,
leere Augenhöhlen anstarrend!

Das Heer der Todgeweihten auf Ihrem Kreuzzug der Normalität!!

Ketzerische Frevler niedermähend,
Hexen verbrennend auf dem Scheiterhaufen der Durchschnittlichkeit!!

Unterwerfung wird positiv honoriert,
Auflehnung bestraft mit Bannniss und Exitus –
Durch die Totenarmee der Masse.

„Mach mit, mach mit, entscheide Dich für unser Leben!“,
erklingt unisono die Stimme der Sterbenden:
„Verdammnis und Tod sind sonst fortan Deine Begleiter!“.

Unheilvolle Schauer dunkler Vorahnungen breiten sich aus …

„Verleugnung des Gleichseins erzeugt qualvollen, Todbringenden
Individualismus!“.

Höre nicht auf das Heer der Hinscheidenden,
mit unisoner Stimme rufend:
„Entscheide Dich jetzt: Assimiliere Dich und wir werden Dich in
unseren gesegneten, erlauchten Kreis aufnehmen. Anderenfalls der
Schnitter Dich holen wird!!“

Ich jedoch frage Dich: „Willst Du das wirklich,
auch um den Preis Deiner Individualität???
Wäge sorgfältig ab!!!
Es ist Deine Entscheidung …“

Trapped like a rat

Gefangen in der Hölle der Gedanken,
Gedanken der Endzeit, von Armageddon!!
Unfähig, den Status Quo zu ändern!!

Gefangen seit Jahren im Gedankennirvana,
endlos erstarrt in Angstes Krallen!!
Unfähig einen klaren Gedanken zu fassen,
unfähig Etwas zu ändern, geschweige denn, nach vorne zu sehen
oder zu gehen!!

Gefangen in der schwärzesten Abgrundtiefe Deiner Gedanken,
schmählichst verabscheuend Dich selbst!
Verachtend Deine starre Unbeweglichkeit,
Deine Unfähigkeit zu Progreß und Wandlung!
Hassend die Angst, Dir jegliche Möglichkeit auf Frieden, Freude
und Spaß raubend,
bar jeglicher Variationen!!

Keine Änderung, kein Fortschritt,
einzig Starre und Stillstand!!

Gelähmt wie die Ratte von der Schlange Augen,
hypnotisiert von Medusa's Blick!!
Erstarrt wie Lot zur ewiglichen Salzsäule!!

Angstvoll niederkauernd,
verharrend in der Finsternis engster Hölle!!
Trauerschmerzvoll beladenes Herz.
Gefangen in Deiner eigenen Kopfhölle,
nie mehr entrinnend diesem Gefängnis!

Tod in Gedanken

Verlacht,
verspottet,
verhöhnt!!

Verachtet,
gemieden,
angeklagt!!

Beschuldigt,
verdächtigt,
verurteilt!!

Ausgeschlossen,
verstoßen,
geächtet!!

Flüchte des Lebens trauriger Qual
in bacchantischem Wahn badend!

Ohne Grund Menschen Dich richtend.

Ziellos, freudlos, haltlos,
Dornenkronen bekränzt!!

Ohne Zukunft, ohne Weg,
ohne Halt, ohne Freude,
ohne Hoffnung, ohne Mut,
ohne Kraft …

Nur Du
ALLEIN VERLASSEN!!

Am Rande der perlentropfenden Abgrundschluchten …
… und einen Schritt darüber hinaus!
Erfüllt mit skelletierenden Herzbluttränen …

Nur Du
VERLASSEN ALLEIN!!

Gebeutelt, voll Schmach
Wehklagen einzig Gedanken
geschlagen an des Kreuzes ewiglicher Müh'!

Traumseelig entsagend den trümmerbeladenen
Hoffnungsschimmer.
Einzig Düsternis, einzig Trostlosigkeit!!

Nur Du
ALLEIN VERLASSEN!!

Entmutigt, mutlos,
geschlagen, besiegt,
ergebend aufgegeben,
VORBEI

Zugrunde gegangen an Dir selbst,
verreckt an Einsamkeit!!

Nur Du
VERLASSEN ALLEIN!!

Untot

LEBEN?????
What the fuck is „Leben"???

Bestimmt nicht das, was ich habe!!!

Leben bedeutet freie Entscheidung aus der subjektiven, momentanen Situation heraus.

Das ist aber nicht DAS, was ich habe!
Ich habe einen absoluten Scheißdreck!!!
Ich habe eine „vage Existenz", aber definitiv kein Leben.
Ich vegetiere, existiere um zu arbeiten, jedoch ohne Anrecht auf ein LEBEN!

Warum nimmt man mir das Recht auf Leben und Genuss? Was kann ich daran ändern, welchen Einfluss habe ich darauf?

KEINEN, NADA, NULL, NICHTS!!!

Welch armseliges Licht ich bin, ohne Kraft, Irgendetwas oder Irgendjemanden zu erhellen, geschweige denn, EGO!!
Welcher FUCK ist in meinem Unterbewusstsein, mir jede Kraft, jeden Schwung, jede Motivation raubend, all meine Sinne, objektiven Empfindungen, klares Denken …

FUCK!!!!!!

ICH WILL MEIN LEBEN ZURÜCK!!!

Mein LEBEN, nicht mein Dahinvegetieren. Lass mich leben , nicht nur existieren.
Ich will selbstbestimmt sein, nicht mehr „ferngelenkt".

Mein Unterbewusstsein spielt mir, ohne jede Möglichkeit der Einflussnahme, Streiche, beherrscht mich, dirigiert mich, fernsteuert mich.

WARUM?????

Warum nur kann ich diesen Kreislauf nicht
durchbrechen??

Welche selbstzerstörerische Kraft bringt mich und Dich und Uns und Alle um den Verstand??

Wir, …
Ihr, …
Du, …
ich, …

ALLE …

neben der Spur??

Alle …
Alles …

… am ENDE!!!

LEBEN, EXISTENZ, VEGETIEREN,

vegetieren, krepieren, AUS!!!

LEBEN???

Nicht, wenn Du schon lange Jahre Kopftot bist!!!

ANGST??????

Selbstverständlich, wenn Du dessen gewiss, dass Du Erlösung fandest im ewigen Schlaf und dann doch noch geweckt, gestört,

VERÄNGSTIGT wirst!!!!

verzagen

Wenn Vertrauen der sichere Boden unter meinen Füßen wäre,
Ich würde im Treibsand versinken und untergehen!

Wenn Nähe mein Tageslicht wäre,
es gäbe nichts als Dunkel und Finsternis!

Wenn Klarheit meine Gedanken bestimmten,
nichts ist da, als berauschender Nebel!

Wenn Selbstbewusstsein gereicht, den Tag zu bewältigen,
weiß ich nun, warum ich am liebsten in ewigem Schlaf
verweile!!

Wenn Spaß der Akku zum Aufladen mit Lebensenergie sei,
ich könnte nur Schatten aufbieten, keine Kraft!!

Wenn Familie mein Rückhalt sein soll,
es gäbe nichts als bodenloser Fall!!

Wenn neue Eindrücke positive Impulse vermitteln,
verstehe ich nun, warum Alles unterhalb der Null-Linie
verläuft!!

Wenn Tränen Erleichterung bedeuten,
werde ich unter meiner Last zerbrechen!!

Wenn Mitteilsamkeit Befreiung verspricht,
meine Ketten würden nie gesprengt!!

Wenn Lachen einen wundervollen Sommertag verheißt,
mein Leben auf ewig von Schatten durchdringt!!

Wenn Liebe mein Sauerstoff wäre,
ich würde glatt an Luftmangel sterben!

Wenn Selbstvertrauen die Nahrung für Leben sei,
ich würde grausam verhungern!!

Wenn Leben bedeutet, sich selbst jeden Tag neu zu erfahren und entdecken,
bin ich nun dessen gewiss, warum Angst mein Leben zerstört!!

Wenn reden meine Rettung sei,
ich würde auf ewig in der Hölle schmoren!!

Wenn Mut meine einzige Lebensrettung sei,
verrecken würde ich gar elendig!!

Wenn Freude ein Grund zum Leben wäre,
ich wäre von Maden zerfressen und verrottet!!

Feuer

Ich brenne,
meine Emotionen und Gedanken entzünden sich
wie Stroh am Feuer!

Meine Realität schwindet, weicht dem Feuer des Irrsinns,

meine Gedanken werden verwischt mit den Flammenzungen der Irrealität.

Ich höre in mich hinein, aber das, was ich höre, erschrickt mich;

Ich höre nichts außer dem knisternden Züngeln von Chaos,
Hass,
Wahnsinn.

Das Feuer des Wahnsinns verzehrt mich,
Selbstzweifel, Wut, Angst und Hass lodern mir entgegen,

Emotionen, die ich nicht verspüren möchte,
welche ich hasse,
welche nicht mehr in mir brennen sollen.

Warum kann das Leben nicht so einfach sein wie vorher?

Warum verspüre ich diesen Hass,
dieses verzehrende Feuer in mir, welches Alles zerstört,
brandschatzt,
verbrennt?

Das Feuer des Irrsinns,
das Feuer des Verderbens …

Feuer läutert,
aber nicht mich;

Mein Feuer verzehrt mich,
frisst mich auf,
vernichtet mich,

Feurige Flammen, meine Seele verbrennend,
mein Herz zerreißend,
meinen Geist verwirrend …

Ist dies das Fegefeuer des Wahnsinns?

Warum brenne ich lebendig in den Flammen der Hölle?

Ist dies das Feuer des Verderbten, der ewigen Verdammnis
bereits zu Lebzeiten?

Wie verrückt tanze ich um das Feuer herum, damit ich noch
einen Rest Leben in mir verspüre.

Tanz nicht zu nah am Feuer, damit Du nicht verbrennst.

Mit jedem Züngeln der Flammen an mir verliere ich ein
Stückchen
Realität,
bis ich mich selber ganz und gar verloren habe.

Die Hölle brennt in mir.

Die Hölle ist mein Leben!

Leben bedeutet Hölle und ewig verzehrendes Feuer und lodernde
Flammen für mich!

Ödnis der Liebe

Rettungslos aufgelaufen,
auf der Sandbank meiner Gefühle,
… für Dich!!

Hoffnungslos abgetrieben,
verschlungen in meinen Empfindungen
… für Dich!!

Sinnlos verirrt,
auf den Pfaden meiner Liebe,
… für Dich!!

Ohnmächtig verloren,
in der Weite meiner Gedanken,
… um Dich!!

Uferlos dahin treibend,
im Meer meiner Gefühle,
… für Dich!!

Tödlich verbrennend,
in der Sonne meiner Empfindungen,
… für Dich!!

Qualvoll verdurstend,
in der Wüste meiner Liebe,
… für Dich!!

Haltlos ertrunken,
in der Tiefe meiner Gedanken,
… um Dich!!

Hilflos versunken,
auf tiefem Meeresgrund meiner Gefühle,
… für Dich!!

Endlos gefangen,
im Kerker meiner Sehnsucht,
… nach Dir!!

Auf immer gestrandet,
im wehrlosen Hafen meiner Liebe,
… für Dich!

Weltherrschaft der Angst

Gräuel, Gewalt, Terror und Krieg,
geboren aus Angst,
gebaut auf den Säulen Weniger,
ausgetragen auf dem Rücken Aller!

Beginnend im Kleinen,
sich steigernd zur Stammesfehde,
endend in Weltkrieg und Völkermord.

Am Anfang ein falsch verstandenes Wort,
geballt die Faust, zum Schlage bereit,
ein hervorschnellender Arm und
der „Feind" ist verletzt.
Angst lässt sofort zuschlagen …

Aus Angst verkriecht ihr euch in eure doppelt gesicherten Häuser,
Wachmannschaften patrouillieren davor.

Öffentliche Plätze werden „Videoüberwacht" zum Schutz der „Allgemeinheit",
„suspekte Subjekte" bekommen Platzverweise,
Personalien werden festgestellt,
manchmal wird man einfach so für 24 Stunden „sicherheitsverwahrt".
Angst macht es möglich!

Demonstrationen müssen genehmigt werden,
Polizisten werden abgestellt, zum „Schutz" der Demonstranten
…
Ihr errichtet „Schutzzäune" und „Bannmeilen", damit die
Wenigen ihre politischen Ziele auf Konferenzen beschließen
können.

Wasserwerfer und Schlagstöcke werden gegen friedliche
Meinungsäußerer eingesetzt,
nur weil ihr Angst vor dem Andersartigen habt …

Menschen werden verfolgt, misshandelt, getötet
wegen ihrer Optik, ihrer Attitüde, ihrer Religion, ihrer
Hautfarbe.

Anderssein macht Angst …

„We have to fight our war against terrorism.“,
mit diesen Worten invasiert ihr fremde Kulturen und Länder,
schmeißt Bomben und tötet Zivilisten,
lapidar benannt als „Kollateralschaden“,
alles nur wegen eurer Angst vor dem Fremden, Unbekannten.

Die Medien erklären dem Volk glaubhaft, dass eure Paranoia der
absoluten Wahrheit entspricht,
rechtfertigen damit Milliardenausgaben für Polizisten, Waffen,
Soldaten, Bomben und Kriegseinsätze …
… nur damit ihr euch **nicht** in eurem verschwenderischen
Lebensstil bedroht fühlen müsst …

Was ist los mit euch??
Haben euch eure Mütter nicht genug geliebt??
Haben euch eure Väter nicht ausreichend Wärme und Nähe
gegeben,
dass ihr immer noch wie verängstigte, kleine Kinder reagiert???

Mein Gott, und ich dachte ICH hätte ein Angstproblem …

Venus

Ich, wahntrunken wankend im Höllenfeuer geschürten
Freudentaumel!
Leibesgegeißelte Tagträume Gewahr werdend,
taumelnde Bocksprünge des Wahns mich vollführen.

Aalwindendes, schlangengleiches Martyrium mich errafft.
Tantalusqualen anrichtend;
Rosendornen umkränztes Haupt sei mein.

Engelsgleich lockende Sirenenrufe,
Todesversprechungen gebend, so köstlich ersehnt.
Marianengrabentiefe Abgründe der Seele offenbarend.

Entfesselnd blutstropfende Tränenrinnsale
Sammelnd in Meeresweiten,
geboren aus diogenischer Entsagung.

Nihilistische Negation von Sinnenfreude
erreicht durch selbstdisziplinarische hehre Tortur!
Gegeißelt durch irreale Lebenswahrheit!

Süße, martialisch- spartanische Lebensverneinung
gepaart mit wahntrugschlüssiger Securität,
freudig erregte Todeserwartungsschreie sich mir entringend!

Leid, Plag, Mühsal sei meine Herzensfreude,
badend mich in Marter und Harm,
entflammend pyromanische Entrückung der Gefühle,
bis nichts verbleibt als einzig und wahrhaftig
die venutische Astralaura der Rosenerknospenden Weiblichkeit!

Wann???

Erwacht durch des Todesvogels fröhliches Lid
Morgenrot durchtränkt mein Augenlied;
Erschauernd ereilen mich meine Gedanken,
Glückseeligkeit mich macht erkranken.

Des Todesvogels traurige Arie erklingt,
Synaptische Interferenz mein Hirn durchdringt!
Kryptische Klarheit verwirrt meine Logik,
Stoische Unstetigkeit ist meine endlose Tragik!

Martialisches Martyrium für mich hat begonnen,
Frenetische Spasmen dadurch gewonnen!
Endorphinischer Rausch mein Fühlen durchströmt,
Fantasmagorien mein Denken nicht länger verpönt!

Elektrische Stromstöße meine Nervenbahnen zerfetzen,
Moralische Ekstase mein ICH lernt zu schätzen!
Implosionen unmoralischer Enthaltsamkeit;
Zwiespalt und Schwanken auf ewig mein Geleit!

Nie mehr entrinnend Angst und Unsicherheit,
Aufgegeben, nie wieder zum Kampf bereit!
Lebenswillen traurig entsagend
Unsicher, ängstlich, verzagend!
Zaudernd, hadernd, nicht mehr auflehnend,
Demütig den Todestrunk herbeisehnend.

Ohne Mut, bar jeglicher Kraft,
Wann endlich hat mich des Lebens Qual dahingerafft?

Inhalt

Inhalt

Philipp Blömeke ✦ in mir babylon.

Die anklagenden Worte in diesem Debütwerk klagen nicht nur an, vielmehr fallen sie, um Neues zu schaffen und Ewiges in einer ganz eigenen Sprache auszudrücken. Man spürt die Angriffslust des jungen Dichters, dessen Texte uns einen herrlich frischen Kampf um den Sinn des Lebens offenbaren. Seine Worte sind das, was Du fühlst, wenn Du nicht mehr kannst, aber noch sollst und weißt, dass Du musst …

ISBN 978-3-9811-7682-7

Rabea Becker ✦ Das Ding, das sich Herz nannte

Die Gedichte in dem Lyrikband von Rabea Becker zeichnen poetische Bilder der Entfremdung vom eigenen Herzen, aber auch der durch Andere zugefügten Verfremdung der eigenen Sehnsucht nach Liebe und Geborgenheit. Die sanfte Spannkraft der Lyrik findet ihren visualisierten Ausdruck durch die künstlerisch gestalteten Bilder der Fotografin Christine Biegler.

ISBN 978-3-9811-7685-8

Gerry X ✦ Nachtschweißgesänge

Illustrationen: Heiko Hensell

Mit seinen leidenschaftlichen ›Liedern‹ der einsamen Nacht leuchtet der Poète Maudit mit seinen melancholisch-aggressiven Worten die Abgründe der menschlichen Existenz aus. Zugleich spricht aus den Zeilen eine leidenschaftliche Lebensbejahung. »Nachtschweißgesänge« sinfoniert thematisch das Dasein jenseits sentimentaler und verkopfter Gefühle.

ISBN 978-3-9811-7680-3